por Carlo Hunsey • ilustrado por Jackie Stafford

Destreza clave Vocal *Aa*
Palabra de uso frecuente *yo*

Scott Foresman
is an imprint of

Yo soy A.

Yo soy a.

Yo ayudo a Abeja.

Yo doy agua a Alce.

Yo doy aguacates a Abuela.

6

Yo ayudo a Ardilla.

Yo ayudo a Abeja, Alce y Ardilla.